心があったまる 般若心経《はんにゃしんぎょう》

監修 武山廣道
白林禅寺住職

リベラル文庫

はじめに

般若心経は、日本で最も親しまれているお経です。その教えを一言で表すと「あらゆることへのこだわりや執着をなくす」こと。そうすることで本当の真理へ近づくことができ、誰もが幸せに生きられるのです。

本書では、1章で般若心経の全訳と、句ごとの意味を解説し、2章では般若心経や仏教の理解に欠かせない語句を解説しました。また3章では般若心経の周辺知識をまとめています。

これらの解説を通して、読者のみなさまが般若心経により親しみ、また深く理解する手助けとなれば、これに勝る幸せはありません。こだわりから解放され、本当の幸せに近づくことを願って。

もくじ

第1章
般若心経を知る

第2章
仏教の言葉

第3章

般若心経解説

第1章

般若心経を知る

摩《ま》訶《か》般若《はんにゃ》波《は》羅《ら》蜜《み》多《た》心《しん》経《ぎょう》

偉大な智慧《ちえ》の完成の心髄となる
大切な教え

観《かん》自《じ》在《ざい》菩《ぼ》薩《さつ》
行《ぎょう》深《じん》般若《はんにゃ》波《は》羅《ら》蜜《み》多《た》時《じ》
照《しょう》見《けん》五《ご》蘊《うん》皆《かい》空《くう》
度《ど》一《いっ》切《さい》苦《く》厄《やく》

観音さまは、般若波羅蜜多（智慧の完成）を実践しているときに、あらゆる存在のもとである五つの要素は実体がない空《くう》であると見極めました。それによって、すべての苦しみや災厄から解き放たれたのです。

舎利子《しゃりし》
色不異空《しきふいくう》
空不異色《くうふいしき》
色即是空《しきそくぜくう》
空即是色《くうそくぜしき》
受想行識《じゅそうぎょうしき》
亦復如是《やくぶにょぜ》

シャーリプトラよ、色（形あるもの）は空と異ならず、空は色と異なりません。色はすなわち実体のない空であり、空はすなわち色なのです。感覚・認知・意識・分別という心の四つの働きも同じです。

舎利子《しゃりし》
是諸法空相《ぜしょほうくうそう》
不生不滅《ふしょうふめつ》
不垢不浄《ふくふじょう》
不増不減《ふぞうふげん》

シャーリプトラよ、すべての存在は空という特性を持っています。ですから、生じることも、滅することもありません。汚れていることもなく、清浄であるということもありません。また増えもしなければ減りもしないのです。

是《ぜ》故《こ》空中《くうちゅう》無《む》色《しき》
無《む》受《じゅ》想《そう》行《ぎょう》識《しき》
無《む》眼《げん》耳《に》鼻《び》舌《ぜっ》身《しん》意《い》
無《む》色《しき》声《しょう》香《こう》味《み》触《そく》法《ほう》
無《む》眼界《げんかい》乃至《ないし》無《む》意《い》識界《しきかい》

それゆえに空において色はないのです。受・想・行・識という心の働きもないのです。眼・耳・鼻・舌・身・心といった感覚器官もなければ、その対象となる色・声・香り・味・体で感じること・心が感じることもありません。眼などの感覚器官から意識などの認識に至るまで、すべてがないのです。

無《む》無《む》明《みょう》
亦《やく》無《む》無《む》明《みょう》尽《じん》
乃《ない》至《し》無《む》老《ろう》死《し》
亦《やく》無《む》老《ろう》死《し》尽《じん》
無《む》苦《く》集《しゅう》滅《めつ》道《どう》
無《む》智《ち》亦《やく》無《む》得《とく》
以《い》無《む》所《しょ》得《とく》故《こ》

苦しみの根本となる無明はなく、無明が尽きることもありません。無明から老死に至るまでの十二縁《じゅうにえん》起《ぎ》（苦しみを生む因果関係）はなく、十二縁起がなくなることもありません。苦しみも、その原因も、原因をなくすことも、そのための修行の道もありません。智慧もなければ得ることもないのです。それが悟りの境地だからです。

菩提薩埵《ぼだいさった》
依《え》般若波羅蜜多《はんにゃはらみた》故《こ》
心《しん》無《む》罣礙《けいげ》
無《む》罣礙《けいげ》故《こ》
無《む》有《う》恐怖《くふ》
遠離《おんり》一切《いっさい》顛倒《てんどう》夢想《むそう》
究竟《くぎょう》涅槃《ねはん》

菩薩さまは、般若波羅蜜多を実践したがゆえ、心にこだわりがなくなりました。こだわりがなくなったので、恐れがなくなったのです。

そうしてすべての間違った考えや妄想から解き放たれ、完全な心の平安に到ったのです。

三世諸仏《さんぜしょぶつ》
依般若波羅蜜多故《えはんにゃはらみたこ》
得阿耨多羅三藐三菩提《とくあのくたらさんみゃくさんぼだい》

故知般若波羅蜜多《こちはんにゃはらみた》
是大神呪《ぜだいじんしゅ》
是大明呪《ぜだいみょうしゅ》　是無上呪《ぜむじょうしゅ》

過去・現在・未来の仏さまも、般若波羅蜜多を実践したがゆえに、この上ない偉大な悟りを得られたのです。

ゆえにあなたは知るべきです。般若波羅蜜多は大いなる真言であり、大いなる悟りをもたらす真言であり、最上の真言であり、比類なき真言なのです。そのた

是《ぜ》無《む》等《とう》等《どう》呪《しゅ》
能《のう》除《じょ》一《いっ》切《さい》苦《く》
真《しん》実《じつ》不《ふ》虚《こ》

め、あらゆる苦しみを除くことができるのです。それは真実であって虚しいものではありません。

故説《こせつ》般若波羅蜜多呪《はんにゃはらみたしゅ》
即説呪曰《そくせつしゅわつ》
羯諦《ぎゃてい》　羯諦《ぎゃてい》
波羅羯諦《はらぎゃてい》
波羅僧羯諦《はらそうぎゃてい》
菩提薩婆訶《ぼじそわか》
般若心経《はんにゃしんぎょう》

ゆえに般若波羅蜜多の真言を説きましょう。それは次の通りです。

羯諦　羯諦　波羅羯諦
波羅僧羯諦　菩提薩婆訶

ここに般若波羅蜜多が完成しました。

第１章　般若心経を知る

摩訶《まか》

―偉大な・優れた―

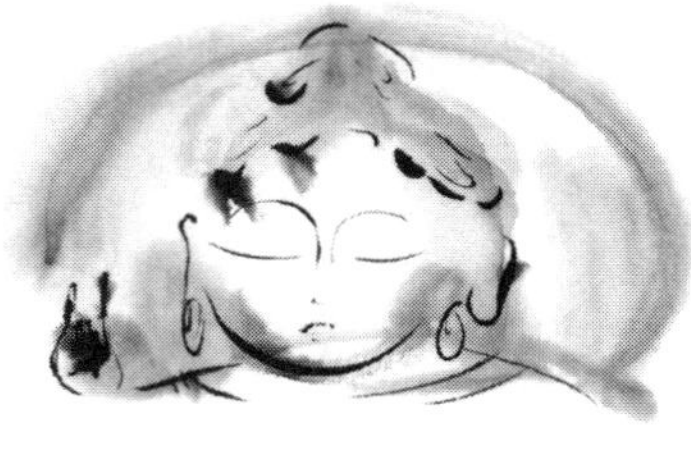

摩訶は、すべてを包み込む、ほかのものとは比較できない深遠さを表しています。

室町時代の禅僧・一休宗純《いっきゅうそうじゅん》は、摩訶は大きな心を意味すると考えました。

大きな心を持つためには、是非や善悪、生と死、仏さまと私達……あらゆるものを分け隔て区別する小さな心をなくすことが必要です。そうすれば、区別の狭間《はざま》で迷うこともなく、生まれつき持っている大きな心で生きていけるのです。

般若《はんにゃ》

智慧

智慧《ちえ》とは、悟りを得るための実践的な叡智《えいち》のこと。思考力や判断力、知識などを意味する知恵よりも、もっと大きく深いものです。知恵が増えると、世間でうまくやっていくことはできますが、その分余計な分別や妄想が生まれてしまいます。浅はかな知恵は、悟りの妨げとなるのです。

そうした知恵から離れ、仏さまの真実を知る智慧を身につけることで、仏さまやその弟子達と同じように悟りを得ることができます。

波羅蜜多《はらみた》

完成

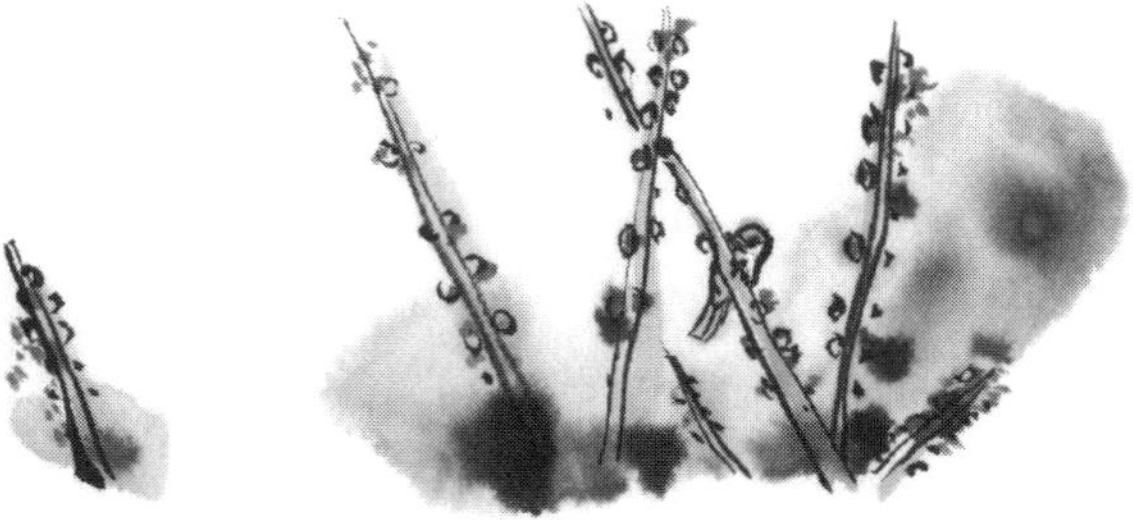

波羅蜜多は、サンスクリット語のパーラミターを音写したもので完成を意味します。般若波羅蜜多は智慧の完成と訳されます。

また波羅蜜多は、彼岸《ひがん》へ到ると訳されることもあります。彼岸とは苦しみを越えた悟りの世界のこと。私達は迷いにとらわれたまま生死を繰り返す輪廻《りんね》転生《てんしょう》から逃れられずにいます。

そこから救ってくれるのが般若の智慧であり、般若心経なのです。

心《しん》

心髄の・核心の

般若心経の「心」は、もともと心臓・核心を意味しました。ですから、気持ちを表す「心」とは違う意味が込められています。

これにはいくつかの説がありますが、一つは長大な大般若経（↓179ページ）の心髄であるという意味があります。また、智慧の心髄である真言（マントラ＝呪文）のこととする考えも。

さらに、誰もが持つ、すべてのこだわりを離れて仏さまになれる心のことを表しているともいわれます。

経《ぎょう》

大切な教え

経は、サンスクリット語のスートラの訳語で、もともとは織物の縦糸のことです。

織物を織るときは、しっかりとした縦糸を張ることで、その織物の基礎ができあがります。同じように経は、仏さまの教えの中で最も大切で基本的なものであることを表しているのです。

中でも般若心経は、私達の心の智慧を呼び覚まし、すべての人を彼岸へ渡らせる大切な教えです。

観自在菩薩《かんじざいぼさつ》

人々を苦しみから
救済する求道者

観自在菩薩とは、私達のよく知る観音さまのことです。

「観自在」は、自由自在に物事を観て、私達を苦しみから救済してくれるという意味。「菩薩」は、悟りを求める求道者を表します。

自らは悟りを得るための修行を続けながら、迷い悩む私達を救ってくれる慈悲深い存在、それが観自在菩薩です。そのような心は誰もが持っていて、私達もまた観音さまのような存在になれるのです。

行深般若波羅蜜多時《ぎょうじんはんにゃはらみたじ》

観音さまが深く般若波羅蜜多を
実践しているとき

観音さまの修行とは、人々を迷いや苦しみから救うことです。同じように私達も、自分や人を救うことが修行になります。

修行といっても難しく考える必要はありません。江戸時代の禅僧の鈴木正三《すずきしょうさん》は、あらゆる仕事は仏教の修行であると世業即《せぎょうそく》仏業《ぶつぎょう》を主張しました。人々のためになる仕事や学問を懸命に行うことも修行です。

修行の実践は、決して特別なことではなく、すぐ身近にあって、いつでもできることなのです。

照見五蘊皆空《しょうけんごうんかいくう》

観音さまはあらゆる存在のもとである
五つの要素は、すべて空であると
見極められました

「五蘊」とは色（形あるもの）、受（感覚）、想（認知）、行（意識）、識（分別）のことで、人間の基本となる五つの要素のこと。「照見」とは、間違った見方を捨てて、ありのままの真実を知ることです。

形あるものや私達の心はすべて、それだけで存在する実体があるものではなく、様々なものが関わり合う縁によって生まれる、実体のないものである、と観音さまは、はっきりと見極められたのです。

度一切苦厄《どいっさいくやく》

観音さまはすべての苦しみや
災厄から解き放たれたのです

人は、様々な悩みや苦しみを抱えて生きていますが、仏教では生・老・病・死の四つの根本的な苦しみがあると考えています。その四苦《しく》に、愛する人との別れや嫌いな人との出会い、求めても得られない苦しみ、心身の苦痛を加えて、四苦八苦《しくはっく》といいます。

般若波羅蜜多を得てすべては空《くう》だと悟ることで、観音さまは、四苦八苦をはじめ、あらゆる苦しみを克服できたのです。それは観音さまだけでなく、私達にも可能なことです。

舎利子《しゃりし》

――シャーリプトラよ――

舎利子とは、釈迦《しゃか》の十大弟子の一人、シャーリプトラのことです。智慧第一といわれ、釈迦からも厚い信頼を得ていました。

般若心経は、観音さまからこのシャーリプトラへ語りかけるように書かれています。といってもシャーリプトラだけのためではありません。

シャーリプトラと同じように、修行を実践する弟子達、そして悩み迷いながらもよりよく生きようとする私達に向かって語りかけているのです。

色《しき》不《ふ》異《い》空《くう》

―― 色は空と異ならず ――

形あるものを、実体があると信じることで、心に迷いが生じ、苦しみます。

しかし形あるものは、どんなものも縁によって成り立ち、常に変化する実体のないもの。こだわりから離れた目で、形あるものをとらえることができれば、そこには必ず空《くう》の世界を見いだせるでしょう。

色と空は、硬貨の表と裏のような関係にあり、分け隔てられるものでも、かけ離れたものでもありません。形あるものは、実体のない空と異ならないのです。

空《くう》不《ふ》異《い》色《しき》

空は色と異なりません

空《くう》は、固定的な実体が永遠に存在しないということで、何もないことではありません。空は真っ白な紙のようなもの。そこに様々なものが現象として描かれることで、私達はそこにあるもの、つまり色を見ることができるのです。

空は、色を離れてあるのではなく、また色も空を離れては存在しない。それが私達の住む世界の姿です。形あるものにとらわれて苦しむ必要も、虚無を感じてすべてを投げ捨ててしまう必要もないのです。

色即是空《しきそくぜくう》

色はすなわち
実体のない空であり

私達は、形あるものを不変で実体のある存在と考えがちです。

しかし、どんなものであろうと、不変ということはありません。たとえばどんなに大きな山であっても、それは長い年月の中で大地の変動や噴火により生まれてきたものです。そこに山としてもともとあったのではなく、多くの縁によって生じ、変化してきたものといえるでしょう。

このように形あるものは、どんなものも決して不変ではなく、固定的な実体がないもの――すなわち空《くう》なのです。

空即是色《くうそくぜしき》

——空はすなわち色なのです——

形あるものはすべて実体のない空《くう》です。ですが、同時にあらゆるものは、瞬間的に現象として私達の目の前に現れます。山も川も木も私達自身も、すべては実体のない空の瞬間の姿なのです。

ですから空と色は決して相反するものではなく、表裏一体のものです。空であるからこそ、そこには必ず色としての現象があります。だから、空はすなわち色なのです。

受想行識《じゅそうぎょうしき》

私達の心や精神の
四つの働きも

受・想・行・識は、五蘊《ごうん》のうちの色を除いた四つで、いずれも人の心や精神の働きを表します。

「受」は暑い、痛いなどの感覚や感受。「想」は受を経て、心に浮かぶ思いのこと。好き・嫌いなどの感情から、白い・黒いなどの認知まで含めます。「行」は、意志など心がある方向に働くことで、「識」は、受・想・行を通じて形作られる知識や分別のことです。

初期の仏教では私達の心は、すべてこの四つの働きでできていると考えられていました。

亦復如是《やくぶにょぜ》

（受想行識も）またかくのごとし

色が空《くう》であり、空が色であるのと同様に、受・想・行・識もまた空であり、空であるからこそ受・想・行・識であるということです。

たとえば、海が大好きだった人も、一度おぼれてからは海に近づくのさえ怖くなることがあります。また、同じ夜道でも一人で歩くのと、恋人と歩くのとでは、気持ちが異なります。このように経験や状況により、気持ちや精神は刻々と変化します。

私達の感覚や心、精神も独立不変なようでいて、常に変化し、実体のない空なのです。

舎利子《しゃりし》　是諸法空相《ぜしょほうくうそう》

シャーリプトラよ、
すべての存在は空という
特性を持っています

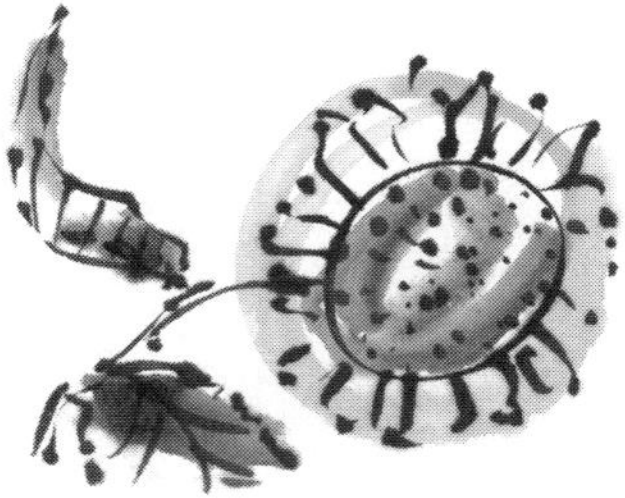

「諸法」はすべての存在という意味です。「空相」は、空《くう》であることの特性、あり方のことです。

つまりここで、観音さまは再びシャーリプトラに呼びかけて、すべての存在は、固定された永遠の実体はなく、空という特性を持っていると繰り返し述べているのです。

あなたの周りにあるもの、そしてあなた自身も含め、すべては空である。これが観音さまからの最も大切なメッセージだといってよいでしょう。

不《ふ》生《しょう》不《ふ》滅《めつ》

（すべては空だから）生じることも、
滅することもありません

私達は、命の誕生を喜び、死を悲しみます。人として当然の感情ですが、生も死も絶対的なものではありません。どちらも人間の作った概念であり、もともと生も死もないのです。

なぜなら、すべては実体のない空《くう》であるという立場から見れば、生も死も一瞬の姿形であり、一つの現象だからです。感情や概念などを取り払えば、生も死もない真実の姿に気づき、苦しみから解き放たれるでしょう。

不《ふ》垢《く》不《ふ》浄《じょう》

（すべては空だから）汚《けが》れている
こともなく、清浄であるという
こともありません

世の中には宝石の美しさに魅了される人もいれば、ただの石ころと考える人もいるでしょう。きれい・汚いという感覚は、主観的なものにすぎず、人のそのときの思いによって異なるものです。

実体のない空《くう》の世界に、きれい・汚いなどの区別はもともとないのです。

自分の心の中のこだわりを捨て、ありのままに物事を見れば、その真実に気づくことができるでしょう。

不《ふ》増《ぞう》不《ふ》減《げん》

（すべては空だから
増えもしなければ、
減りもしません

私達にとって、ものが増えたり減ったりするのは当たり前のことです。しかし、それはすべてに実体があると考え、これは私のもの、そちらはあなたのものと区別し、分け隔てているからです。増える・減るという感覚は、執着から生まれた価値判断にすぎません。

空《くう》の世界では、実体がないのですから、相対的なものはありえません。したがって増減することもないのです。

是《ぜ》故《こ》空《くう》中《ちゅう》無《む》色《しき》

それゆえに空において
色はないのです

すべての存在は空《くう》の特性を持つという、これまでの教えを踏まえて、空という真実の中には、色（固定的な形）はないと説かれています。

この後「無～」という否定的な句が続きますが、ここで否定されるのは、上座部《じょうざぶ》仏教（↓１７８ページ）で世界を構成する基本単位として考えられていたものです。

般若心経が説く大乗《だいじょう》仏教（↓１７８ページ）の思想では、こうした基本単位さえもないと否定することで、真実をよりはっきりと見極めようとしたのです。

無受想行識《むじゅそうぎょうしき》

受・想・行・識という
心の働きもないのです

受・想・行・識は心の働きを細かく分類したものです。上座部仏教では、心の働きをこのように分類することで、心も縁によって成り立つものであり、空《くう》であることを証明しようとしたのです。しかし、分類することによって生まれるのは、固定的な実体を持つ最小単位の存在であり、それは新たなこだわりとなってしまいます。

だからこそ、般若心経では、色だけでなく受・想・行・識もないと考え、真実に近づこうとしたのです。

無《む》眼《げん》耳《に》鼻《び》舌《ぜっ》身《しん》意《い》

（空においては）眼も、耳も、鼻も、舌も、身も、心もないのです

五感を司る感覚器官に、思考を感じる器官として考えられた「意」を加えた六つを六根《ろっこん》といいます。そして、その六根にも実体がないと説いています。

私達は、自分達の感覚器官を絶対的なものであると考えがちです。しかし、たとえば色の感じ方、音程のとらえ方などは国や民族によって異なるといいます。周りの人と比べても微妙な違いを感じることがあるのではないでしょうか。感覚器官も、決して固定的で実体のあるものではなく、空《くう》なのです。

無《む》色《しき》声《しょう》香《こう》味《み》触《そく》法《ほう》

（空においては）それぞれの感覚器官の対象となる色も、声も、香りも、味も、体で感じることも、心が感じることもありません

眼・耳・鼻・舌・身・意の六根がとらえる対象を、それぞれ色・声・香・味・触・法の六つで表し、これを六境《ろっきょう》といいます。さらに六根と六境を合わせて十二処《じゅうにしょ》といいます。

この十二処が縁によってそれぞれ結びつくことで、私達の周りの世界や心が作り出されています。しかし、六根が空《くう》であれば、その対象である六境もなく、世界や心もすべて空になります。

無《む》眼《げん》界《かい》乃《ない》至《し》無《む》意《い》識《しき》界《かい》

眼などの感覚器官から、
意識などの認識に至るまで
すべてないのです

六根によって六境をとらえた結果、生じる六つの認識を六識《ろくしき》といいます。

たとえば「眼」が色をとらえた結果、眼識界《げんしきかい》が生まれます。これら六根・六境・六識を合わせて十八界《じゅうはっかい》といいます。「乃至」は中略という意味で、十八界の眼界から意識界までを指しています。

六根、六境もなく、空《くう》ですから、それぞれから生まれる認識（六識）もないのです。

無《む》無《む》明《みょう》

苦しみの根本となる
無明はないのです

「無明」は、苦しみを生み出す因果関係を十二に分けて説いた十二縁起《じゅうにえんぎ》の最初にあげられるもので、智慧がなく、迷いから逃れられないことをいいます。無明から因縁《いんねん》(↓126ページ)により様々な苦しみが生じ、最後に老死の苦しみがもたらされます。ですから、この無明を取り除けば、すべての苦しみから解放されると上座部仏教では考えたのです。しかし、般若心経では、無明も実体のない空《くう》であると考えます。そうであれば、無明を取り除こうとするこだわりや執着を消し去ることができるからです。

亦《やく》無《む》無《む》明《みょう》尽《じん》

（空において）
無明が尽きることも
またありません

無明が尽きるとは、迷いがなくなるということ。つまり悟りを得ることです。ここでは「無無明尽」ですから、迷いがなくなることはない、悟りを得ることはないといっているのです。迷いを離れ、悟りを得ようと考えることは、悟りに対するこだわりを生み、結局は迷いや苦しみを生み出してしまいます。

十二縁起の根本である無明。それは実体のないものであり、実体がない以上、縁起によって常に現象として生ずるものなのです。

乃至無老死《ないしむろうし》

（無明がないため）
そこから老死に至るまでの
十二縁起もまたないのです

すべての苦しみのもととなる無明が実体のない存在ですから、そこから因縁として導かれ、最後に現れる老死の苦しみも実体がないものといえます。人は老死を恐れ、そこから逃れようと苦しみます。しかし、もともと老死の実体はなく、苦しむ必要はないのです。

なお、ここで乃至（中略）として省かれているのは、十二縁起のうち、無明と老死の間の十の因縁です。それらも同じように実体のない存在です。

亦《やく》無《む》老《ろう》死《し》尽《じん》

（無明が尽きることがないため）
そこから老死に至るまでの
十二縁起もまた尽きることが
ありません

十二縁起の根本である無明は実体がないゆえ、現象としては生じます。そして、そこから生まれる老死までの苦しみも、現象として生じ続け、なくなることはありません。

上座部仏教では、十二縁起という苦しみを生み出す仕組みを考え、それを滅することで、苦しみから解き放たれると考えました。しかし、それは十二縁起の実体を認めることになり、こだわりを生み出してしまいます。

苦しみからではなく、こだわりから離れることが必要なのです。

無《む》苦《く》集《しゅう》滅《めつ》道《どう》

苦しみも、その原因も、
原因をなくすことも、
なくすための
修行の道もないのです

苦・集・滅・道は、四諦《したい》（↓144ページ）といわれ、「苦」は生きることの苦しみ、「集」はその原因、「滅」は苦しみを滅した状態、「道」は苦しみを滅する実践法を示したものです。しかし、般若心経ではその四諦さえも実体のない空《くう》であると説きます。

これまで見てきたように十二縁起による苦しみは実体のないものでした。そうであれば、それを滅する道筋もやはり空であるのは明らかです。これは修行の大切さを否定するものではなく、それに執着することを戒めているのでしょう。

無《む》智《ち》亦《やく》無《む》得《とく》

智慧もなければ、
得ることもないのです

「智」とは智慧のことで、「得」は何かを得ることを意味します。智慧も、智慧から得ることもないといっているのです。

たとえば、今まで空《くう》においては、すべてのものは実体がないと説かれてきました。これを智慧としてそこから得るものがあると考えれば、人はそれに執着し、こだわりを持ってしまいます。こだわりが生まれれば、それはもう智慧ではありません。

つまり智慧があり、そこから得るものがあると考えれば、智慧から離れてしまうのです。

以《い》無《む》所《しょ》得《とく》故《こ》

（智慧も、何かを得ることもないのは）それが悟りの境地だからです

「所得」とは、何かを得ようとする心。つまり執着し、こだわる心のことです。「無所得」で、執着やとらわれのない心、つまり悟りの境地にあるということになります。

この句は、前の句にかけて読む解釈と、後の句にかけて読む解釈の二つの説があります。前の句にかける場合、「智慧も、何かを得ることもない」ことこそ、悟りの境地であることを表しています。後の句にかければ、悟りの境地にあるがゆえに「菩提薩埵は～」と続きます。

菩提薩埵《ぼだいさつた》

——菩薩さまは——

菩提薩埵は、菩薩の正式名称です。般若心経の語り手である観音さまは、その代表的な存在です。

菩提薩埵は、完全に悟りきった如来《にょらい》とは異なります。完全な悟りを求めて修行する者であると同時に、現世にとどまって迷う人々を救済してくれる存在なのです。

それは、私達にとってありがたい存在であると同時に、私達が目指すべきものだといえるでしょう。

依般若波羅蜜多故《えはんにゃはらみたこ》

（菩薩さまは）
般若波羅蜜多を
実践したために

「般若波羅蜜多」とは、すでに見てきたように智慧の完成という意味です。次の句以降、その実践による功徳《くどく》が示されます。ただし、これらの功徳は、あくまでも結果にすぎません。最初からそれを望み、求める気持ちがあっては、それにとらわれ、執着してしまうでしょう。とらわれることなく実践することが大切なのです。

なお、その実践は、具体的には布施《ふせ》・持戒《じかい》・忍辱《にんにく》・精進《しょうじん》・禅《ぜん》定《じょう》・智慧《ちえ》の六波羅蜜として示されます（↓150ページ）。

心《しん》無《む》罣《けい》礙《げ》

（般若波羅蜜多によって）
心にこだわりがない

「罣礙」とは、心の中のこだわりやわだかまりを意味します。前の句から続けて、般若波羅蜜多（智慧の完成）によって心にこだわりがなくなる、という功徳を説いています。

心の中のこだわりとは、何かに執着する気持ちのことです。その気持ちが強ければ、やがて満たされない心を生み出し、満たされない心は苦しみや悩みに変わります。

心にこだわりがなくなれば、迷い、苦しむことがなくなるのです。

無《む》罣《けい》礙《げ》故《こ》
無《む》有《う》恐《く》怖《ふ》

こだわりやとらわれることがないために、恐れることがなくなります

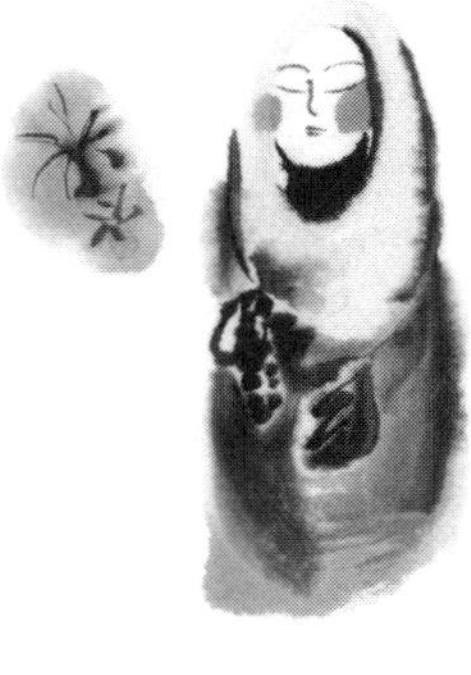

こだわりは、悩みを生み出します。悩みはありもしない妄想を作り出し、それが恐れのもととなるのです。

仏教では、「生活できないのではないか」「死ぬのではないか」「他人に悪く言われるのではないか」「死後に地獄へ落ちるのではないか」「大勢の人に責められるのではないか」の五つを、代表的な恐れとしてあげています。これらは自分の心にこだわりがなくなれば、すべて消え去ってしまうでしょう。

遠離《おんり》一切《いっさい》顛倒《てんどう》夢想《むそう》

すべての間違った考えや
妄想から解き放たれて

「顛倒」とは、間違った考えという意味です。仏教で間違った考えとされるのは、「世の中のすべてが不変だと信じること」「本当は苦しみのもとであるのに、楽しみと考えること」「自分に執着すること」「不浄なものを美しいとすること」の四顛倒です。さらに「無常であるからと、すべてを無意味ととらえる」など、四顛倒の極端な否定も合わせて八顛倒ともいいます。

これらすべてから離れることこそ、涅槃《ねはん》（↓134ページ）へ続く道だとされています。

究竟涅槃《くぎょうねはん》

完全な心の平安に
到ったのです

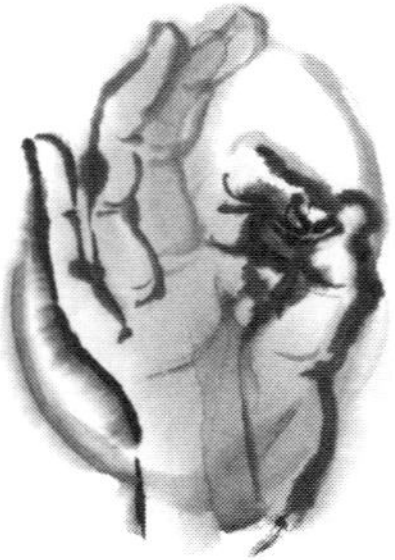

「涅槃」は、サンスクリット語で吹き消すことを表すニルヴァーナを音写したもの。仏教では、煩悩《ぼんのう》（↓１３６ページ）の炎を吹き消して、完全な心の平安が訪れた状態のことを意味します。究竟とは、究めつくすということ。つまり究竟涅槃で完全な心の平安に到ったということです。

観音さまは、智慧の完成によって、こだわりや恐怖、間違った考えが消え、そして究極の心の平安を得たのです。

三世諸仏《さんぜしょぶつ》

過去・現在・未来の
仏さまは

「三世」とは過去、現在、未来のことです。その三世にはそれぞれ千の仏さまがいらっしゃいます。それが三世諸仏です。つまり、過去から未来にわたる永遠の時間に、無数の仏さまがいらっしゃることを表しているのです。

そして、その仏さまは私達から遠く離れた存在ではありません。仏とは、もともと覚者《かくしゃ》、つまり自らが持つ仏性に目覚めた人のこと。誰もが仏さまとなる心を持っており、その心以外に仏さまはいらっしゃらないのです。

依般若波羅蜜多故《えはんにゃはらみたこ》

得阿耨多羅三藐三菩提《とくあのくたらさんみゃくさんぼだい》

（三世の諸仏は）般若波羅蜜多を実践したので、この上なく崇高な悟りを得たのです

「阿耨多羅三藐三菩提」は、サンスクリット語を音写したもので、この上なく崇高な悟りという意味になります。

この上なく崇高な悟りとは、時間、空間などあらゆる条件に揺らぐことのない智慧を得た状態です。それはあまりに深遠で人の智を超えるため、翻訳できず音写されたのです。そのような悟りに到るのは非常に難しく感じるかもしれませんが、般若心経が私達の心の中の仏さまを呼び覚まし、その悟りに近づけてくれるでしょう。

故《こ》知《ち》般《はん》若《にゃ》波《は》羅《ら》蜜《み》多《た》
是《ぜ》大《だい》神《じん》呪《しゅ》

ゆえにあなたは知るべきです
般若波羅蜜多は大いなる真言です

「呪」は、真言《しんごん》またはマントラともいわれ、霊力を持つ呪文のような言葉のことです。「大神呪」で、大いなる真言という意味になります。

般若波羅蜜多は頭で理解するものではなく、仏さまの言葉として、そのまま受け入れるべきものです。なぜなら、頭で考えると、結局は空《くう》である受・想・行・識に頼ることになってしまうからです。真言は、音の響きそのものに宿る力によって、私達の魂に訴えかけるのです。

是《ぜ》大《だい》明《みょう》呪《しゅ》

（般若波羅蜜多は）
大いなる悟りを
もたらす真言です

「明」は、無明（智慧がなく迷いの中にある状態）の反対で、迷いから抜け出して、悟りを身につけた状態を意味します。

空海は「真言は不思議なり　観誦《かんじゅ》すれば無明を除く　一字に千理を含み　即身《そくしん》に法如《ほうにょ》を証す」と説きました。つまり、真言の一字一字に千の真実が含まれ、仏さまのことを一心に思いながら唱えれば、迷いから解き放たれて、生きたまま無明が取り除かれ、悟ることができるのです。

是《ぜ》無《む》上《じょう》呪《しゅ》

（般若波羅蜜多は）
最上の真言です

「無上」とは、これ以上の上はないということ。つまり、般若心経の真言が最上のものであることを訴えているのです。

もともと釈迦は、呪文に頼ることを弟子達に禁じていました。しかし、やがて歯痛のときなどには呪文を唱えることを許すようになりました。それは呪文の持つ力に釈迦自身が気づいたからでしょう。痛み、苦しみ、迷いから救ってくれるのが呪文であり、その中で般若心経の真言が最も優れたものなのです。

是無等等呪《ぜむとうどうしゅ》

（般若波羅蜜多は）
比類なき真言なのです

「無等等」は等しいものがないに等しい、つまりほかのものとは比較できないほど優れているということです。

これまでの四つの句は、真言への賛辞を述べたものです。しかし空海は、これらはただの賛辞にとどまらず、それぞれ「仏さまの声を聞くことで悟る（大神呪）」「縁起を知り、自力で悟る（大明呪）」「智慧と慈悲の菩薩の境地（無上呪）」「すべての人々の成仏（無等等呪）」と、悟りの段階を表すものであると説いています。

能除一切苦《のうじょいっさいく》

あらゆる苦しみを
取り除くことができます

私達は生きていくうえで、様々な苦しみ、迷い、悩みを抱えていますが、ここでは特に四苦八苦や十二縁起などの人間の根源的な苦しみを指しています。こうした苦しみが、真言を唱えることで消え去るのです。さらに様々な災難や病気からも守ってくれるといいます。

ただし、単に唱えればよいというものではなく、仏さまの教えを真心で受け止め、心の中の仏さまを呼び覚ますようにして唱えることが大切です。

真実不虚《しんじつふこ》

真実であって
虚《むな》しいものでは
ありません

仏さまの言葉である真言こそが、偽り・虚妄ではない真実であることを宣言しています。「不虚」は、嘘でないということだけでなく、空虚でないこと、つまり充実し、力に満ちていることも意味しています。

人々を苦しみから救う真言の功徳が本物であることを保証し、それを信じることを強くすすめているといってもよいでしょう。般若心経の真言を心から信じ、唱えることで真実を得られるのです。

故《こ》説《せつ》般若《はんにゃ》波羅蜜多《はらみた》呪《しゅ》
即《そく》説《せつ》呪《しゅ》曰《わつ》

ゆえに般若波羅蜜多のための真言を説きましょう
その真言は次の通りです

この句は、この後にいよいよ真言が述べられることを宣言しています。真言は私達の理解を超えるものであるため、翻訳者である玄奘《げんじょう》もあえて漢語に訳していません。また、この部分はサンスクリット語の正規文法とも異なるため、的確に訳すことはできないといわれています。

この真言を一心に唱えることで功徳が得られる般若心経は、出家して修行に専心できない私達にとって、何物にも代えがたい助けとなるでしょう。

羯《ぎゃ》諦《てい》　羯《ぎゃ》諦《てい》

――往ける者よ　往ける者よ――

※以下真言部分の訳は、中村元・紀野一義『般若心経・金剛般若経』（岩波書店）より引用

「羯諦」は、サンスクリット語のガテーを音写したものです。これは往くや渡る、去るを意味する言葉の呼びかけの形、または時や場所を表す形と解釈されています。

一休は真言を「密語《みつご》の般若ともいうなり」と述べています。密語とは仏さまだけが理解することのできる秘密の言葉。つまり真言は、私達の理解を超えた深遠な言葉なのです。だからこそ功徳があり、唱えることで、悟りが得られるのでしょう。

波羅羯諦《はらぎゃてい》

――彼岸に往ける者よ――

サンスクリット語ではパーラガテーといいます。パーラは波羅蜜多の波羅と同じで、彼岸を意味しています。パーラガテーで「彼岸に往ける者よ」と訳されます。

迷いや苦しみに満ちた此岸《しがん》（現世）から、苦しみのない悟りの世界である彼岸へ到ること。それを生きながらにして実現してくれるのが、この偉大な力を持つ真言であり、般若心経なのです。

波《は》羅《ら》僧《そう》羯《ぎゃ》諦《てい》

―彼岸に全く往ける者よ―

僧は、僧侶のことではなく、サンスクリット語のサンを音写したもので、「完全に」あるいは「共に」を意味します。「完全に」ととらえれば、決して迷うことのない完璧な悟りのことです。

また「共に」とすれば、自分だけでなく、この世に生を受けるものすべて一緒に悟る、ということになるでしょう。自分だけでなく、ほかの人々も一緒に悟りを得ることが、般若心経の究極の目的なのです。

菩提薩婆訶《ぼじそわか》
般若心経《はんにゃしんぎょう》

悟りよ、幸あれ
ここに般若波羅蜜多が完成しました

菩提薩婆訶までが真言になります。「菩提（ボーディ）」とは悟りのことです。「薩婆訶（スヴァーハー）」は成就を意味し、真言や祭祀《さいし》の締めくくりで、成就を祈ってつけ加えられる言葉です。

以上が般若心経の全文です。般若心経は、空《くう》を会得して、すべてのこだわりや執着から脱することで心の平安が訪れることを説いています。それは頭で理解することではなく、心から仏さまを思い、真言を唱えることでもたらされるのです。

コラム

般若心経と物語 ～耳なし芳一

日本には般若心経が登場する物語がたくさんあります。

その中でも有名なのは小泉八雲《こいずみやくも》の怪談『耳なし芳一』でしょう。

盲目の琵琶《びわ》法師・芳一のもとに夜な夜な落ち武者の亡霊が現れ、お墓まで連れ出して琵琶を弾かせます。それに気づいた和尚《おしょう》は、亡霊から芳一を守るために、芳一の体にお経を書きつけます。このお経こそ般若心経なのです。

その夜、現れた亡霊は芳一の姿を見つけることができません。しかし、和尚が般若心経を書き忘れた両耳だけを見つけ、それを引きちぎって持ち去ったのです。

怪談でありながら、般若心経の功徳を知ることができる物語といえるでしょう。

第2章

仏教の言葉

縁起《えんぎ》（因縁生起《いんねんしょうき》）

すべてのものは因と縁によって生まれる

あなたが今ここにいるのは、誕生して、様々な人や環境に育てられたからです。そして、これからもたくさんの人と出会い、環境が変わる中でどんどん変化していくはずです。

このように、この世のすべてのものは誕生のような因（直接の原因）と、環境である縁（間接的な条件）の様々な組み合わせによって起きるものだと考えるのが縁起です。

あなたが今いるのは様々な因と縁のおかげであり、また、あなたも何かの因や縁になっているのです。

諸行無常《しょぎょうむじょう》

諸行無常を知ることが
よりよく生きる出発点

仏教には、四法印《しほういん》といわれる四つの大切な教えがあります。その一つが諸行無常です。諸行無常とは、世の中のすべての存在や現象は、常に変化してとどまることがないという考えです。

無常に気づけば、たとえば財産や地位など、一つのことにこだわり、執着することが愚かしいと分かります。また、人の命のはかなさに気づき、謙虚になり、他者への思いやりが生まれます。さらに変化する一瞬一瞬の大切さも感じるはずです。諸行無常を知ることが、よりよく生きる出発点になるのです。

諸法無我《しょほうむが》

人の存在も実体がなく
変化していくもの

諸法無我も四法印の一つで、どんなものも固定的な実体（我）は持たず、因と縁の関係の中で成り立ち、変化するものであるということです。

般若心経の中でも述べられているように、自分という存在も決して固定的なものではありません。五蘊《ごうん》（色受想行識）の集まりによって成り立ち、その関係性によって常に移り変わっています。それは、私達が自分だけでは生きられない存在であることを意味しているともいえます。誰もがほかのものによって生かされているのです。

一切皆苦《いっさいかいく》

すべてが苦しみだと知れば、
本当の安らぎに近づける

一切皆苦とは、この世のすべては苦しみであるという考えで、四法印の一つです。

たとえば愛情は、幸福の一つと一般に考えられていますが、愛する人との別れや争いの原因となることもあり、究極的には苦しみをもたらします。仏教では、このようにどんなものもやがては苦しみをもたらすと考えます。

すべてが苦しみという考えには、多くの人が抵抗を感じるでしょう。しかし、そのことを知れば苦しみから解放され、真の安らぎを得ることができるというのです。

涅槃寂静《ねはんじゃくじょう》

涅槃寂静に到ることが
あらゆる仏教の目標

四法印の一つである涅槃寂静は、煩悩の炎が消え、苦しみのない安らかな状態のことをいいます。

釈迦はこの涅槃寂静の境地に到れば、苦しみばかりのこの世で生きながらにして生まれ変わることができると説きました。

仏教には様々な宗派があり、細かな教えや修行は異なりますが、どんな宗派も最上の安楽である涅槃寂静に到ることを最終的な目標にしているのです。

煩悩《ぼんのう》

煩悩に向き合うことで、
心を安らかにできる

私達の心を煩わせ、悩ませるもの――それが煩悩です。たとえば物事に満足せず、貪るような欲望や執着（貪欲《とんよく》）、自己中心的な怒り（瞋恚《しんに》）、真理を知らないこと（愚痴《ぐち》）などです。これを三毒《さんどく》といいますが、これ以外にも私達は無数の煩悩を抱えて生きています。普段の生活でこれらを完全になくすことは難しいかもしれません。しかし、煩悩は心の平安を遠ざけるもの。煩悩に向き合い、コントロールすることで、心を安らかにして生活できるようになるでしょう。

渇愛《かつあい》

――渇愛は自分を苦しめるもの――

愛は、一般に他者への愛情など好ましいものとしてとらえられています。しかし、仏教では愛を自己中心的に相手やものを求める心だと考えます。それは、のどの渇いた者が水を求めるような、強く際限のない欲求であることから、渇愛ともいいます。

渇愛は、快楽や生存への執着であったり、逆に生きる苦しみからの逃避であったりします。この執着や逃避によって人々は苦しむのです。

慈《じ》悲《ひ》

――慈悲の心が人を救う――

慈悲の「慈」は、人々に分け隔てなく幸せをもたらすこと（与楽《よらく》）。「悲」は人の苦しみや悲しみを取り除こうとする、思いやりの心（抜苦《ばっく》）を表しています。

つまり慈悲とは、どんな人にも幸せになってほしいと願い、人の苦しみを感じ取ってそれを断ち切ろうとすることです。それは決して、助けてやろうという思い上がった気持ちではなく、心から人を救いたいという願いから起きるものなのです。大乗仏教の最も大切な教えといえるでしょう。

喜捨《きしゃ》

喜捨は見返りを求めない心

喜捨は、積極的に金品の施しをするという意味でとらえられますが、大乗仏教では「喜」と「捨」のそれぞれが意味を持ちます。

喜は、人の幸福を共に喜ぶ心。捨は差別や執着を捨て、見返りを求めない心です。

慈・悲・喜・捨を合わせて、四無量心《しむりょうしん》といいます。この四つの心を深く深く持つことが、すべての人を救おうとする仏さまの心を持つことにつながるのです。

四諦《したい》

苦しみを断つための
四つの真理

四諦は、釈迦が解脱後に初めて行った説法です。「諦」は真理を意味し、悟りを得るための四つの真理ということです。

この世は苦しみに満ちていることを理解する「苦諦《くたい》」。その苦しみは、様々な煩悩が原因であると知る「集諦《じったい》」。煩悩を断つことで苦しみから脱することができる「滅諦《めったい》」。そして滅諦に到るための正しい修行を説く「道諦《どうたい》」の四つからなります。

この四諦は正しい真理ですが、般若心経ではそれにこだわりすぎると、悟りへの執着を生んでしまうとされています。

八正道《はっしょうどう》

自らが悟るためには八正道を
すべて行うことが必要

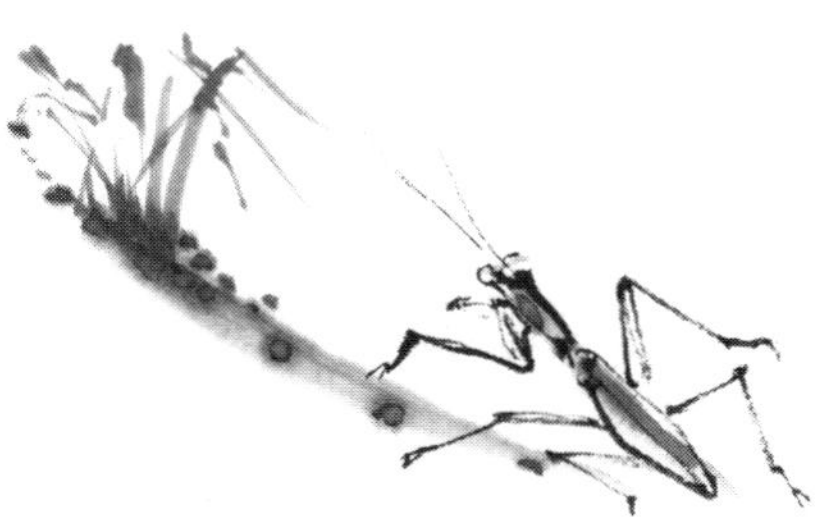

八正道とは、道諦の具体的な実践法として説かれたものです。偏見を持たずに物事を正しく見る、正しく考える、無益な殺生を避けるなど、八つの正しい生き方を示したものです。

これらは、たとえば物事を正しく見るためには正しく考えることが必要であるなど、それぞれに関わり合っており、一つだけでは成り立ちません。

八正道は、自らが悟りを得るための修行であり、やがて「戒《かい》（正しい生活）」「定《じょう》（精神の統一）」「慧《え》（智慧）」の三学にまとめられました。

中道《ちゅうどう》

極端な方法から離れることで
悟りに近づける

釈迦は、もともと王子として贅沢な暮らしをしていました。やがて悟りを求めて出家し、厳しい苦行を行います。しかし、苦行では心身を痛めるだけで、本当の悟りは得られませんでした。両極端な実践――快楽と苦行を経て、そのどちらでも真理は見つからないことに気づき、釈迦は中道を悟ったのです。

中道を実践する道として説かれたのが八正道《はっしょうどう》です。それは極端な道にこだわり、執着することがないようにするための修行なのです。

六波羅蜜《ろくはらみつ》

―他者を救う心を大切に―

六波羅蜜とは、大乗仏教の代表的な修行をまとめたもので、布施《ふせ》・持戒《じかい》・忍辱《にんにく》・精進《しょうじん》・禅定《ぜんじょう》・智慧《ちえ》の六つからなります。

これは自らが悟りを得るための修行である三学（↓147ページ）に、人々に幸せをもたらす修行である利他行《りたぎょう》を加えたものです。つまり悟りを得るためには、自分の悟りを求めるだけでなく、ほかのすべての人々も救う心を持つことが大切ということです。

自分本位な心を捨て、ほかの存在のために生きることで、得られるものもあるのです。

布施《ふせ》

——人の喜びを自分の喜びに——

六波羅蜜の一つである布施は、他人への施しのことで、利他《りた》行《ぎょう》の基本です。金品や食事のほか、教えや知識、労働などでもかまいません。相手に安心や喜びを与えるものであるならば、どんなことでもよいのです。

布施を行うためには、まず自分自身の欲や執着を捨てること。そして、惜しみなく施して、それに対する見返りを求めないこと。人の喜びを見て、自分も喜ぶことができる。そんな気持ちを持つことが必要なのです。

和顔施《わがんせ》・眼施《がんせ》

優しい笑顔やまなざしは
人に安らぎを与えられる

金品を持たない人でもできる布施に、無財《むざい》の七施《しちせ》といわれるものがあります。和顔施・眼施はその一つです。

和顔施は和やかな顔で人と接することで、眼施は穏やかなまなざしを投げかけることです。

優しい笑顔やまなざしは、誰にでもすぐにできること。たったそれだけで、あなたに接する人は安らかな気持ちになれるのです。人に会うときは、自分の心配事は忘れて、優しい笑顔で。

言施《ごんせ》

気持ちを込めた言葉には
人を救う力がある

言施も、やはり無財の七施の一つで、人に優しい言葉をかけることです。

落ち込んでいる人がいたら、優しく共感のこもった言葉をかけてみましょう。それはお金やものよりもよほど大きな助けとなり、相手に安らぎや幸せをもたらすことができます。

また、ちょっとしたあいさつや感謝の言葉を伝えることも大切です。短くても気持ちのこもった言葉は、人の心に明るく響くのです。

心施《しんせ》・身施《しんせ》

思いやりの心と行動が
人の助けになる

心施は、思いやりの心を持って人と接すること。身施は、自分の体を使って人を助けることです。どちらも無財の七施の一つです。

人の役に立ちたい、苦しいことや悩みを解決してあげたいという思いやりの心があれば、それは自然と行動になって表れるでしょう。

重い荷物を運んであげる、困っている人の手伝いをするなど、ほんの少しのことでも、温かい心で相手の苦しみを取り去り、安らぎをもたらすことは、心施であり、身施なのです。

床座施《しょうざせ》・房舎施《ぼうしゃせ》

ゆずり合う、分かち合う

無財の七施である床座施は、自分の席を人にゆずること。同じく房舎施は、家に人を泊めてあげたりして、休息の場を与えることです。

自分にとって心地よい場所や自分の所有する場所を人に差し出すのは、気が進まないときもあるかもしれません。しかし、そうした自分の安らぎや欲へのこだわりを忘れて、ゆずる心、分かち合う心を持って行動すれば、きっとほかの人に安らぎを与えることができるでしょう。

忍辱《にんにく》

困難を耐え抜き、
道を実現する

忍辱は、六波羅蜜の一つです。人生には様々な困難が訪れます。正しい道を歩み、悟りを得ようとするなら、なおさらでしょう。

そうした困難や苦難に対して怒ったり、恨んだり、自暴自棄になったりしては、自分の道を実現することなどできません。

どんな困難も忍んで、心を平静に保つ。それが忍辱です。困難に耐え、努力を続けていれば、きっと道は開けるでしょう。

持戒《じかい》

戒律を守り、常に自己反省する

殺生をしない、嘘をつかない、盗まない、邪淫《じゃいん》しない、飲酒しないの五つは、仏教徒が自ら護持《ごじ》すべきものとされ、五戒といわれます。これらの戒律を守ることが持戒であり、六波羅蜜の一つです。

ただし、仏教では戒を破ることに対して、罰は設けられていません。常に自己反省し、自らの努力で守ることが求められているのです。それは戒を守ること自体が目的ではなく、自ら悟りを得ようとする心が大切だからでしょう。

精進《しょうじん》

たゆまない努力と実践で
道が開ける

精進は、たゆまない努力のことで、特に六波羅蜜のほかの項目を怠らずに実践することを意味しています。

どんなことでも、努力をやめてしまうと、それ以上進歩しないばかりか、後退してしまうもの。

六波羅蜜で必要とされる、他人への施しや戒律を守ること、苦痛に耐えることを続けていくのは簡単ではありません。しかし、これらを実践し続けることが道を開くための大きな支えになるのです。

禅定《ぜんじょう》

精神の統一が仏の教えの理解を深める

六波羅蜜の禅定とは、心を落ち着かせて精神を統一することで、昔から仏教の代表的な修行法の一つでした。現代の坐禅や瞑想のことと考えてよいでしょう。

禅定によって自分の心の動きを観察できるようになれば、心をコントロールし、こだわりや執着から離れることができるようになります。そして、それは仏さまの教えをより深く理解することにつながるのです。神秘的な力を得て、仏さまが目前に現れることさえあるといいます。

智慧《ちえ》

六波羅蜜は
般若心経の心でもある

布施から禅定までの五つの波羅蜜の実践の後、智慧により六波羅蜜が完成します。

この智慧の波羅蜜のことを別名、般若波羅蜜ともいいます。般若心経の経題そのものです。また自らの修行と、人を救う修行を同時に行うという六波羅蜜は、般若心経で謳《うた》われる菩薩行と同じです。

六波羅蜜は、般若心経の心そのものということもできるでしょう。

方便《ほうべん》

方法や手段にこだわらず、
人々を救うことこそ理想

大乗仏教において、方便は人を救う方法や行為という意味で使われます。

釈迦は、相手の状況や考えに応じて、様々な手段や方法で人々を救ったといいます。人を幸せにするという大きな目的を達するためであれば、一つの手段や方法にこだわる必要はありません。

特定の手段や方法ではなく、すべては空《くう》であるという悟りを得て、人々を救う。それこそが大乗仏教の究極の目的であり、私達の理想なのです。

自《じ》燈《とう》明《みょう》・法《ほう》燈《とう》明《みょう》

自分を頼りにして、
真理に導かれながら歩く

ブッダが入滅する前に説いた最後の教えは、次のようなものでした。

「自らを燈明とし、自らを拠《よ》り所とせよ。教えを燈明とし、教えを拠り所とせよ」

悟りへの道は、他人を頼りにするものではなく、自分自身で切り開くもの。そのときに指針となるのは真理そのものであって、他人の言葉ではない、ということです。これが自燈明・法燈明の教えです。

コラム

般若心経と物語 ～利苅女《とかりにょ》

平安時代に書かれた説話集『日《に》本霊異記《ほんりょういき》』には、次のような物語が残されています。

昔、河内国《かわちのくに》に非常に美しい声で般若心経を唱える利苅女という女性がいました。

ところがある日、利苅女は突然死んでしまい、気がつくと閻魔《えんま》大王の前にいました。閻魔大王は、かねてから利苅女が美しい声で般若心経を唱えるうわさを聞いており、その声聞きたさに地獄に利苅女を呼んだのでした。

利苅女が求めに応じて般若心経を唱えると、閻魔大王は大変喜んだといいます。そして聞き終えるとすぐに、利苅女を生き返らせました。

昔の人々の般若心経への信仰と親しみを知ることができる物語です。

第3章

般若心経解説

大乗《だいじょう》仏教と上座部《じょうざぶ》仏教

般若心経を知るためには、大乗仏教について知る必要があります。釈迦（ゴータマ・シッダールタ）によって創始された仏教は、その入滅後、次第に教義の解釈を巡って分裂し、さらに出家者の修行を重視する、民衆信者からはほど遠い存在となりました。

　その状況を打破しようと、釈迦入滅後、約三百年を経て、民衆の救済を目的とした大乗仏教が誕生しました。大乗仏教は、自らの悟りを求めながらも、同時に多くの人を救う菩薩行を実践するもの。すべての人が乗れる（救われる）大きな乗り物という意味で、大乗仏教と呼ばれるようになりました。それに対し、修行者が自らの悟りを得ることを目的とする仏教を、上座部仏教と呼びます。

般若経と般若心経

大乗仏教が広がると、その教えをまとめた経典が編纂されるようになりました。その中でも初期に作られたのが『般若経』です。

般若経は、一つの経典の名称ではなく、般若波羅蜜多の教え、つまり空《くう》の思想を説いた、いくつもの経典群の総称です。

その代表的なものが三蔵法師《さんぞうほうし》・玄奘《げんじょう》がインドから持ち帰り、漢訳した『大般若波羅蜜多経』（通称『大般若経』）という経典群です。これはそれまでの般若経の大部分を収めたもので、六百巻もあります。こうした膨大な般若経のエッセンスをまとめたのが、般若心経だといわれています。

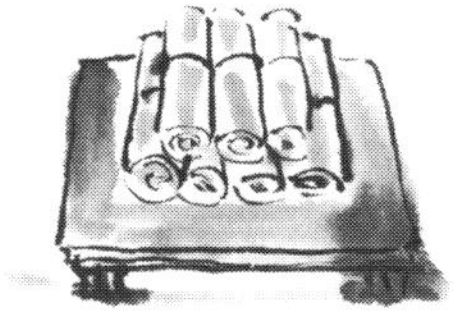

般若心経の翻訳

仏教の経典はインドで生まれ、サンスクリット語で書かれました。それを中国語（漢語）に訳したのが、現在日本で親しまれているお経です。

般若心経も同様に漢訳されたものですが、その訳は十種類以上あり、使われる語句や表現が異なる場合もあります。

日本で最もよく知られているのは、三蔵法師・玄奘のもので、その題は「般若波羅蜜多心経」となっています。

ほかには鳩摩羅什《くまらじゅう》の「摩訶般若波羅蜜大明呪経《だいみょうしゅきょう》」、法月《ほうがつ》の「普遍《ふへん》智蔵《ちぞう》般若波羅蜜多心経」、不空《ふくう》の「唐梵翻対字音《とうぼんほんたいじおん》般若波羅蜜多心経」などがあります。

般若心経の流布本《るふぼん》

日本では、玄奘訳の般若心経が最も知られています。しかし、一般に私達が目にしているものは、玄奘訳を下敷きにしながらも、やや異なった流布本と呼ばれるものです。主な違いをあげておきましょう。

経題は、玄奘訳の「般若波羅蜜多心経」に対し、流布本は「仏説《ぶっせつ》摩訶般若波羅蜜多心経」となっています。なお「仏説」の部分を誦《ず》経《きょう》するのは真言宗だけです。

また、流布本で「遠離一切顛倒夢想」となっている部分は、玄奘訳には「一切」という言葉は入っていません。

最後に再掲される経題については、流布本は「般若心経」ですが、玄奘訳は「般若波羅蜜多心経」となっています。

以上の違いがあるものの、般若心経の内容には何ら変わりはありません。

般若心経の大本《だいほん》と小本《しょうほん》

般若心経には、大本（広本《こうほん》）と小本（略本《りゃくほん》）の違いがあります。

大本は、本文の前後に教えが説かれたときの状況などが記されています。小本は、その状況説明が省略されているもので、普段私達が唱えている流布本、およびそのもととなった玄奘訳は小本です。

大本では、はじめに観自在菩薩が舎利子に釈迦の教えを説くときの様子が語られており、これを序《じょ》分《ぶん》といいます。般若心経の中核となる本文部分を、正宗分《しょうしゅうぶん》といいます。

最後は流通分《るづうぶん》と呼ばれる、般若心経を称賛する文で締めくくられます。

日本における般若心経

現在最も知られている玄奘訳の般若心経が、いつ日本に伝わったかは詳しく分かっていません。

しかし、玄奘が般若心経の翻訳を終える649年以前には、鳩摩羅什訳の般若心経やサンスクリット語の般若心経が日本に伝わっていたと考えられています。

法隆寺にはサンスクリット語の般若心経の写本「法隆寺《ほうりゅうじ》梵本《ぼんぼん》」が残されており、現存する世界最古のものとなっています。

玄奘訳が伝えられた後は、空海や最澄など日本の仏教を築いた名僧にも重視され続け、民衆にも広まっていきました。時代が下ると、文字が読めない人のために、絵で描かれた絵心経も作られました。

般若心経ゆかりの僧①
玄奘《げんじょう》（602～664）

西遊記の三蔵法師のモデルとしても知られる玄奘は、般若心経の漢訳者として最も有名な中国の僧です。ちなみに三蔵法師とは、もともと仏教の三蔵（経蔵《きょうぞう》・律蔵《りつぞう》・論蔵《ろんぞう》）に通じた高僧のことです。

玄奘は27歳のとき、仏教経典の原典を求めるため、国禁を犯してインドに旅立ちました。インドまでの道のりは苦難の連続でしたが、危機に陥るたびに般若心経を唱えて、難を逃れたといわれています。

そして、インドのマガダ国ナーランダ寺院で仏教の様々な学問を修めた後に帰国。唐の太宗《たいそう》の勅命を受け、持ち帰った仏典の翻訳を始めます。その後、62歳で亡くなるまで翻訳に心血を注ぎました。

般若心経ゆかりの僧②
空海《くうかい》（７７４〜８３５）

弘法大師《こうぼうだいし》・空海は、遣唐使に随行し、唐で密教を学びました。帰国後、高野山に金剛峯寺《こんごうぶじ》を開き、真言密教の祖となりました。

空海は、般若心経を非常に重要視したことで知られています。それは密教で説かれる即身成仏《そくしんじょうぶつ》（この世で悟りを開き、成仏すること）の考えが、般若心経の説くところと同じであるためです。

空海は密教的な視点に基づいて、『般若心経秘鍵《ひけん》』という注釈書を著しました。それは真言を特に重視し、語義の奥にある深い意味や秘密を解き明かそうとしたものです。空海にとって、密教は仏教の中心となる思想でしたが、その根本経典とされたのが般若心経なのです。

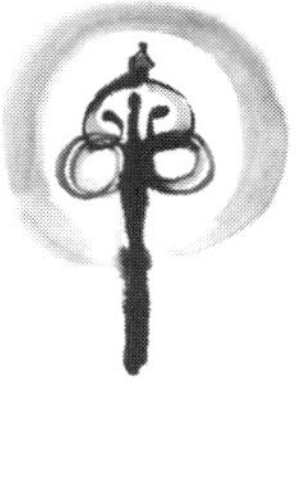

般若心経ゆかりの僧③

道元《どうげん》（1200〜1253）

道元は、若くして両親を亡くした後、13歳で自ら比叡山《ひえいざん》の門を叩き、仏門に入りました。やがて比叡山の修行すなわち天台宗《てんだいしゅう》に疑問を持ち、臨済宗《りんざいしゅう》に入門。師である明全《みょうぜん》とともに中国・宋に渡り、曹《そう》洞禅《とうぜん》を学びます。そして帰国後、曹洞宗を開き、禅を確立しました。

道元はその著書『正法眼蔵《しょうぼうげんぞう》』において、「摩訶般若波羅蜜多」の巻を設けて、般若心経を解説しています。その中で般若心経の教えこそ、仏さまの真実の智慧であると記しています。また空《くう》の悟りを得るためにひたすら坐禅する「只《し》管打坐《かんたざ》」を説く一方、日常生活も仏さまの智慧を得るための修行であるとしました。

般若心経ゆかりの僧④

一休宗純《いっきゅうそうじゅん》（1394〜1481）

とんちの一休噺《ばなし》のモデルになった一休宗純は、臨済宗の禅僧で、仏教の戒律にしばられず自由奔放に生きた人物として知られています。

般若心経への造詣《ぞうけい》も深く、難解な注釈書の多い中、平易な和文で民衆にも分かりやすく説いた『般《はん》若心経解《にゃしんぎょうかい》』を著しました。

『般若心経解』では、摩訶とは大きな心であるとされ、その大きな心を得るために自分の小さな心を捨てる必要があると説かれています。また、いくつもの道歌《どうか》（教訓や教えを詠み込んだ和歌）が挿入され、空《くう》の思想が分かりやすく示されています。

一休は、後に天皇の勅命によって、戦乱で焼失した大徳寺《だいとくじ》の住持となり、その復興に力を注ぎました。

般若心経ゆかりの僧⑤

盤珪永琢《ばんけいようたく》（1622〜1693）

盤珪永琢は、江戸時代初期の臨済宗の禅僧です。厳しい苦行の末、病にかかり、その病床で梅の香りをかいだときに悟りを得たといわれています。

盤珪の説法をまとめた『心経鈔《しんぎょうしょう》』という般若心経の注釈書は、一休の『般若心経解』と同様に和文で、庶民に分かりやすく解釈が説かれており、多くの人に支持されました。

その中で盤珪は、空《くう》とは先入観を廃して、ありのままを見ることであると考え、また人々は生まれながらにして仏さまの心を持っているという「不生禅《ふしょうぜん》」を説きました。なお『心経鈔』は盤珪本人の著作ではなく、ほかの人物が盤珪の説法をまとめたものであると考えられています。

般若心経ゆかりの僧⑥
白隠慧鶴《はくいんえかく》（1685〜1768）

臨済宗中興の祖といわれるのが白隠慧鶴です。苦しい修行により病に倒れましたが、自らその治療を行い、快癒。その健康法を『夜《や》船閑話《せんかんな》』にまとめました。

白隠が残した般若心経の注釈書である『毒語心経《どくごしんぎょう》』は、その名の通り、毒舌で般若心経の教えを説いたものです。ただし、毒舌といっても、それは般若心経を否定するものではなく、その思想を逆説的にとらえることで、多くの人が理解しやすく親しめるようにしたものです。また、白隠は数多くの禅画を残したことでも知られています。

読経《どっきょう》

般若心経は、般若波羅蜜多（智慧の完成）の実践を説いたお経です。その実践の一つが、般若心経やそこに含まれる真言を無心に唱えることなのです。

読経をするためには、経本と数珠を用意します。きちんとした服装を身につけ、静かで心が落ち着く場所を選びます。できれば仏壇の前がよいでしょう。

読経の手順は次の通りです。

---

①手を洗い、口をすすいで身を清める（仏壇があるときはロウソクに火を灯し、線香をあげる）。②数珠を手にして合掌。③鈴《りん》を鳴らす（仏壇がある場合）。④正座し、ゆっくりと丁寧に読経を始める。⑤終わったら鈴を鳴らす。これを朝晩の二回行うのが理想です。

写経

写経、つまり般若心経の一文字一文字を書き写すことも、功徳を積む修行となります。

写経はボールペンなど、家庭にある筆記用具を使っても問題ありませんが、書道の道具を用いるとよりよいでしょう。

写経の手順は以下の通りです。①手を洗い、口をすすいで身を清める。②合掌して読経する。③写経を行う。④合掌する。

写経する際は、経題を一行目に書き、一行開けてから書き始めます。一～三文字ごとに墨を継ぎながら丁寧に写経し、一行は十七文字、最後の真言部分は一行十八文字にします。誤字や脱字は、行の最後に書き足すようにします。書き終えた写経は寺院に納経するか、額装して飾るなどしましょう。

[監修] 武山廣道（たけやま こうどう）
1953年生まれ。73年、正眼専門道場入門。天下の鬼叢林（おにそうりん）といわれた正眼僧堂にて多年修行。96年4月、白林禅寺住職に就任。2011年3月、全国宗務所長会会長就任。12年、臨済宗妙心寺派宗議会議員・名古屋禅センター長・文化センター講師など宗門の興隆に勤しむ。

[参考文献] 般若心経・金剛般若経（岩波書店／中村元・紀野一義訳註）、般若心経秘鍵（角川学芸出版／空海・加藤精一編）、仏教要語の基礎知識（春秋社／水野弘元） ほか

イラスト	西口雅子
装丁デザイン	宮下ヨシヲ（サイフォン グラフィカ）
本文デザイン	渡辺靖子（リベラル社）
編集	直本文郎（Bering Networks）・宇野真梨子・渡辺靖子（リベラル社）
編集人	伊藤光恵（リベラル社）
営業	青木ちはる（リベラル社）

編集部 堀友香・山田吉之・山中裕加
営業部 津村卓・津田滋春・廣田修・榎正樹・澤順二・大野勝司

※本書は2013年に小社より発刊した『心があったまる 般若心経』を文庫化したものです

心があったまる 般若心経

2019年7月26日 初版

編 集 リベラル社
発行者 隅田 直樹
発行所 株式会社 リベラル社
〒460-0008 名古屋市中区栄3-7-9 新鏡栄ビル8F
TEL 052-261-9101 FAX 052-261-9134 http://liberalsya.com
発 売 株式会社 星雲社
〒112-0005 東京都文京区水道1-3-30
TEL 03-3868-3275

 ISBN978-4-434-26196-1